आज का रंग - गाइड के संग भाग - 2

राज कुमार अरोड़ा 'गाइड'

क्रम-सूची

क्रम-सूची

परिचय

राज कुमार अरोड़ा 'गाइड'

नाम - राज कुमार अरोड़ा 'गाइड'

जन्मस्थान - भिवानी (हरियाणा)

जन्मतिथि - 1 मार्च, 1957

शिक्षा – एम. ए. (हिन्दी)

कार्यक्षेत्र - पंजाब नेशनल बैंक से सेवानिवृत

अभिरुचि - लेखन, अभिनय, संभाषण, मंच संचालन, समाजसेवा

साहित्य प्रकाशन - मार्च 1979 में पहली कविता प्रकाशित

संग्रह 'खिलते फूल' एवं तत्पश्चात उभरती कलियाँ, रंगे बहार,

जश्ने बहार प्रकाशित, अप्रैल 1979 से जून 1981 तक 'बहादुरगढ़

मासिक पत्रिका' का गौरवमयी प्रकाशन ।

अनियतकालीन पत्रिका

'निशांत' का समय - समय पर प्रकाशन।

महाविद्यालय पत्रिका 'प्रवीर' का तीन वर्ष लगातार संपादन ।

अन्य उपलब्धियां –

विभिन्न स्थानीय, राज्य, राष्ट्रीय स्तर की पत्र - पत्रिकाओं में लगातार हमारी मौलिक रचना का प्रकाशन ।

विश्वविद्यालय स्तर पर कॉलेज कलर का विशेष सम्मान ।

सभी स्तर पर कवि सम्मेलनों में निरंतर भागेदारी ।

"काव्य गौरव" व "साहित्य भूषण" सम्मान से सम्मानित ।

विशिष्ट उपलब्धियां –

जनवरी 2017 में एक और काव्य संग्रह "मुठ्ठीभर अहसास" प्रकाशित ।

साहित्य व समाजसेवा के लिये इस वर्ष गणतंत्र दिवस पर "विशेष प्रशस्ति पत्र" से सम्मानित ।

अपने यू ट्यूब चैनल "Rachmap TV" व अन्य विभिन्न यू ट्यूब चैनल में सौ से अधिक प्रस्तुति ।

संपर्क - 982 सेक्टर – 2, बहादुरगढ़

पिनकोड - 124507

जिला - झज्जर (हरियाणा)

मो. - 9034365672

1

उम्र तो एक पैमाना है

मन में जब, उमंग है, जोश है,
और जोश में भी, खूब होश है,
तो फिर उम्र तो, एक पैमाना है,
जिन्दा हैं, तो सदा मुस्कराना है।
हम उम्रदराज़ बनते, ही क्यों हैं
उम्र को ही, न रख देंगे दराज़ में,
खो जायें, सदा मस्त जिन्दगी में,
क्यों करें, यूँ मौत का ही इंतज़ार।
जिनसे, मिलता है, प्यार ही प्यार,
उनसे ही रखना, सम्पर्क बार बार,
ये जिन्दगी तो है, बस चार दिन की,
शिकवे शिकायतें, क्यूँ करें हर बार।
जो रिश्ते हमें परख कर, समझ लें,
उनकी तो, हमेशा करना, खूब कद्र,
दुनिया की न करो, कभी कोई फिक्र,
देखना, फिर तुम्हारा ही, होगा जिक्र।
दिल से ही जोड़ कर रखो, हर रिश्ता,

हर रिश्ता ही सदा, दिल से जुड़ा रहे,
हँसना, हँसाना तो खूब अच्छा होता,
पर कभी अपनों के लिये आँसू बहें।

2

खुशियों की कमान

भले ही, आँखों में आँसू हो,
दिल में, धधकती हो ज्वाला,
फिर भी, हाल चाल पूछने पर,
होंठों पर लानी होती मुस्कान।
तपते जेठ की, भरी दोपहरी में,
जीना भले, हो गया हो मुहाल,
थोड़ी सी भी, हवा, चल जाये
तो बूंदों की, आशा हो बहाल।
जीवन का, हर फैसला हो सही,
रखते आप, गर ऐसी ही कामना,
तो फिर, सदा हँस कर कीजिये,
अपने हर दुःख का, पूरा सामना।
मत कीजिये, कभी कोई परवाह,
ये दुनिया, क्या क्या कहती रहती,
खुद से जिरह, खुद ही अपने जज,
जिओ जिन्दगी, प्रेम रस में बहती।
हौंसलों को करो इतना बुलन्द ऐसे,
जैसे, पत्थरों के शहर, में रहते हुए,
बना लिया शीशे का घर, आलीशान

खुशियों की, फिर हाथ में ही कमान

3

तो साकार जिन्दगी

जरूरतों से भिड़ती रही, मेरी जिन्दगी,
मुश्किलों से लड़ती रही, मेरी जिन्दगी,
प्यार से जो मिला, लगाया उसे ही गले,
दोस्ती की आड़ में, सब मतलबी मिले।
ये जिन्दगी तो, गम का कारोबार हो गई,
कभी उपहार तो कभी, भार ही हो गई,
एक उलझन तो अभी, सुलझी भी नही,
दूसरी और उलझ कर, सुलझने आ गई।
चाहत थी सदा, एक प्यार भरे, लम्हे की,
पर आँसुओं की कैसी , धार हुई जिन्दगी,
उसूलों पर चल कर भी, खूब देख लिया,
निष्ठा के अभाव में, निस्सार हुई जिन्दगी।
नये ज़माने के, इन चिरागों में देखो, ज़रा,
चमक तो बहुत है, मगर नहीं यहाँ उजाला,
मन का दर्पण साफ है, तो साकार जिन्दगी,
चाहत फूलों की, पर मुझे काँटो ने सम्भाला।

4

दर्द की दुकान

जिन्दगी की, प्रत्येक राह पर,
हम ज्यों ज्यों ही, बढ़ते गए।
गैरों की क्या, अब बात करें,
हम तो खुद से ही, ठगे गये।
बड़ा गरूर था, हमें अपने पर,
छा ही जायेंगे, हर महफ़िल में।
सहसा फिर न जाने, क्या हुआ,
नज़रों संग, दिल से ही उतर गये।
डूबने का मज़ा भी वो क्या जाने,
जो बह रहे है, लाचार तिनके से।
दुख अब, बन गया हमसफर ऐसा,
घर में ही हो, एक और घर जैसा।
गुलाबे उपवन में ये, कैसी चुभन,
लगती ऐसे ज्यों, दर्द की है दुकान।
हर चीज़ तुलती, बाजार की तरह,
दुआ सलाम भी व्यापार की तरह।
वही तो है खास, खुद की नज़र में,
खुद को निहारे जो, आईने की तरह।

5

है दुनिया का दस्तूर

जिन्दगी जीने का, बस एक ये, तरीका रखना,
अपनी उम्मीदों को, हर हाल में जिन्दा रखना,
वक्त ठीक है तो साथी भी खूब मिल जाएंगे,
बुरे वक्त में, खुद व खुदा पर ही भरोसा रखना।
सब से हो प्यार, मेल जोल में न हो कोई झोल,
नफरत से नफरत मिले, शब्दों का समझो मोल,
खुद को ही होगा समझाना, खूब सबल बनाना,
छोड़ ज़माने को, खुद को ही तो होगा बदलना।
बाहर की ही सुनते रहे, तब तो बिखर जाओगे,
भीतर की सुन ली एक बार, तो सँवर जाओगे,
दुनिया बुरी है, बेवफा है, सब जगह ही धोखा है,
हम अच्छे बने, इससे हम को किसी ने रोका है।
सर्दी की इतनी ठिठुरन, अरे, ये भी तो है कहती,
सच में, गर्मी हमेशा किसी की भी नहीं है रहती,
अच्छे वक्त में ही साथ देना, है दुनिया का दस्तूर,
बुरे वक्त में अपनों से, ऐसे क्यों हो जाते इतने दूर।

6

वक्त की दरकार

वक्त की दरकार है, वक्त को समझो तो ही बेड़ा पार है,
वक्त ही वक्त आने पे, तरह तरह के एहसास कराता है।
वक्त न जाने कब मुझे, ये कैसी अजब पहेली दे गया है,
उलझते रहने को जिंदगी, समझने को ताउम्र दे गया है।
कारण कुछ न था बचपन में, हम अकारण मुस्काते थे,
अब बड़े होने पे देखो मुस्कराने के कारण छुपा लेते हैं।
न जाने हमारे जीवन में, अब कैसी कैसी परेशानियाँ हैं,
तब ग़म के गद्दों पे, खुशी के फूल की चादर चढ़ा देते हैं।
आज हम हर वक्त, दौलत के साये में मगरूर रहते हैं,
जग घूमे आगे पीछे, न जाने कितने सलाम करते हैं।
अंत में रह जाएगी, सिर्फ सफेद चादर की औकात,
खुद उसे हिला, न डुला पाएँगे, न ही कर पाएँगे बात।
नये वस्त्रों का, नई पोशाकों का, हमें शौक था कितना,
कोई निहारता था हिकारत से, तो मन में इतराते उतना।
रहते अपनी धुन में, मानी कभी किसी की सीख नहीं,
पर जब आया वक्त, कह न सके, ये कफ़न ठीक नहीं।
जो सदा रहते थे गरूर में, न जाने कौन सा फतूर था,
दर्प व घमंड था, दिल में उनके, कुछ न कुछ ज़रूर था।
छत को अहम छत होने का, सहसा ये कहानी हो गई,

एक मंजिल और डली , छत, छत न रही, फर्श हो गई।

7

कैक्टस में गुलाब

गम को पीना, दर्द में जीना एक किस्सा है,
अब यही बन गया, जिन्दगी का हिस्सा है,
जिद्द थी मुझे, आसमाँ को छूने की ही सदा,
पर अपनी ज़मीन छोड़ना,तो गवारा नहीं था।
सत्य मुहँ छिपाता और झूठ खड़ा सीना ताने,
यही हो गया चलन, अब कोई माने या न माने,
उसूल की बात भी हो गई है,बिल्कुल फजूल,
संवेदना, नैतिकता कहाँ रही, कर लो न कबूल।
चढ़ते हुए सूरज को, सलाम तो सभी करते हैं,
पर ढलती शाम भी तो, उसी सूरज की ही थी,
बहुत खुश हैं लोग, यहाँ कांटे ही कांटे उगा कर,
कैक्टस में गुलाब की महक, आये तो क्योंकर।
आदमी की सोच में, जंगल ने कर लिया है घर
देख कर अनजान बनना, यहाँ सब को आता है,
कहने को तो सूरज पर, सभी यहाँ हक जताते हैं
पर जब अंधेरा है, तो फिर ये प्रकाश कहाँ जाता है।

8

इन्सान को डस जायेगा

किसको पता था ये किसको खबर थी,
इस धरा पर एक दिन, ऐसा भी आयेगा।
सच पर झूठ ही, हो जायेगा, इतना हावी,
कि इन्सान ही, इन्सान को डस जायेगा।
उतर गई यहाँ लोई , तो क्या करेगा कोई,
इन्सानियत भी अब ऐसे, जैसे अभी रोई।
लहज़े में नरमी को, समझेंगें वो कमज़ोरी,
मीठी बोली बोल के, दिखाएंगे सीनाज़ोरी।
दोस्ती का दे वास्ता, करेंगे ऐसे ही दुश्मनी,
कि आग भी लगा देंगे, नहीं होगी तनातनी।
बेशर्मी से, अंग प्रदर्शन, नाचे घर की लाज,
घर के बुज़ुर्ग बजायें ताली, समझते ये नाज़।
सूरज को ही ढक देगा, जब अपनों का गरूर,
तो एक दिन पुराना वक्त भी, आयेगा जरूर।
साहिल पर बैठ, लहरों को गिनने से क्या होगा,
उस पार, जाना है तो, तूफानों में कूदना होगा।

९

जीवन की सौगात

सच में ही सोचो, ये जीवन क्या है,
ये जीवन तो, एक झूठा, सपना है,
जो खो गया, वो बस खो ही गया,
जो बच गया, बस वो ही अपना है।
ये क्या, तुम दिन में जुगुनू ढूंढ रहे,
नकली फूल में, असली खुशबू कहाँ,
चाहत अपनी, स्वर्ग हो, इस धरा पर,
जिसे चाहा मन भर, वो है छँटाक भर।
परछाई के पीछे, यूँ भागोगे, कब तक,
सपने न बहका ही न दें, क्या तब तक,
खिलते फूल को कैसे, खूब निहार लिया,
मसल दिया पर, फिर भी, महका दिया।
आज सुनहरी चाँदनी, फिर अमावस रात,
ये सुख, दुख तो, बस जीवन की सौगात,
नये नये साँचो में , ढालता रहा वक्त हमें,
साँसों में सिमटे, जीवन की क्या औकात।

10

अन्दाज़ को बनाये रखिये

जिन्दगी को गर, जीना है खुल कर,
तो मौत को भी हमेशा याद रखिये।
ठान लिया चलना, मंजिल की ओर,
तो थकान का, ध्यान ही न कीजिये।
समंदर में उतरने की, चाहत है अगर,
तो भँवर व तूफान को भी, न भूलिये।
दर्द का एहसास, कितना ही हो गहरा,
पर दूसरों से सदा, प्यार बनाये रखिये।
जिस को, ठुकरा दे, ये जालिम दुनिया,
उसको ही मेहमान समझ, कर देखिये।
मिलेगा जो सकून, उसकी बात ही क्या,
बस यूँ, अपने अन्दाज़ को बनाये रखिये।
मन्दिर में चाहे, प्रभु की मूरत हो या न हो,
अपने भीतर, जिन्दा इंसान जगाये रखिये,
दुनिया में, जहाँ भी जरूरी हो, रहिये, मगर,
दिल में सदा ही, हिन्दुस्तान बसाये रखिये।

11

प्यार की जलधार

दर्द पियें और खुशी के ही गीत गाएं,
हँसते हँसाते, कुछ न कुछ गुनगुनाएं,
मुस्कराहट में, अपने सब गम भुलायें,
सपनों से खुद जगें, दूसरों को जगायें।
जब लक्ष्य जीवन में, तो कहाँ आराम,
काम करने को, बहुत हैं ये आठों याम,
हिम्मत रखें तो सफलता है, सदा साथ,
जिसे खुद पर विश्वास, वो कैसे अनाथ।
कैसी ये चलन, ज़माने में इतनी जलन,
ख़ौफ़ के डर से , हर जिस्म पर कफ़न,
रिश्तों में ज़हर, सद्भावना हो गई दफन,
नफरत की चुभन में, कैसे खिले चमन।
गहरे उतरें तो मिलेगी, गहराई की थाह,
रह मस्ती में मस्त, हो ही जायें बेपरवाह।
फूल भले ही न दो, क्यों देना फिर खार,
सूखते गुलिस्तां में दे, प्यार की जलधार।

12

मेरा ही आसमान

करता ही रहूं माँ, मैं तुम्हारा गुणगान,
तू ही तो मेरी जमीं, मेरा ही आसमान।
जब से होश संभाला, तुम्हें सँग पाया,
तार दिया जीवन, कोई नहीं है पराया।
मेरी सलामती की दुआ, रोग की दवा,
तू मेरी खुदा, तेरे आगे फीका ये जहाँ,
तू ही धरती, तू ही स्वर्ग, तू ही आकाश,
अंधेरे में तुम्हारा एहसास, देता प्रकाश।
घुटनों के बल चलता देख, होती हर्षित,
उंगली पकड़ चलाया, तभी तो मैं चर्चित।
प्रिया के सँग में, भूल गया माँ की ममता,
माँ का मन तो, अब भी तुझ में ही रमता।
माँ, तू ही, भक्ति, शक्ति, साधना, आराधना,
तू ही तो, लक्ष्मी, शारदा, अम्बिका, अर्चना।
माँ, मन का अहसास , रूह से जुड़ी आस,
मेरे अस्तित्व का आधार, हर पल मेरे पास।
माँ ही मेरी आशा, अभिलाषा और मुस्कान,
माँ ईश्वर से बढ़ कर, सच्ची ममता की खान।

13

तो जीवन गहना

आसमाँ तक, का विस्तार हो,
हर ओर खुशनुमा, सँसार हो,
जो सुख मिलता, अपनेपन में,
और कहाँ मिलेगा, ये जीवन में।
खोजो इसे, नर या नारायण में,
सदा मिलती, शान्ति समर्पण में,
ढूंढेंगे तो, हर हाल में ही मिलेगा,
ईश्वर इस जहाँ के, कण कण में।
जब सीख लेंगे , प्यार की ही बात,
तभी तो होगी, अधिकार की बात,
हमारा प्रयास हो, बस, सुखी रहना,
लोगों का काम है, कुछ भी कहना।
क्यों रखें उम्मीद, दूसरा ही बदलेगा,
हमें तो बस खुद को ही है बदलना,
हकीकत खुदबखुद, आयेगी नज़र,
पहले हटे आवरण, तो जीवन गहना।

14
जिन्दगी की ही प्यास

हार कर भी, हर हालत में रखनी है,
जीतने की हमेशा, उत्कट अभिलाषा,
पतझड़ के बाद, बसंत जब आयेगा,
तो देगा उत्साह, मत रखना निराशा।
अपने दिल केअंधियारे को करो दूर,
वरना ठोकर लगेगी, रोशनी के साथ,
दुश्मनी भी रखते हैं, दोस्ती के साथ,
यूँ हर किसी का, क्यों पकड़ते हाथ।
जो चाहे, जिन्दगी में मिलता, ही कहाँ,
हो जिन्दगी में जिन्दगी की ही प्यास,
जो करके मेहनत, खूब पसीना बहाये,
वही ही तो रख पाता, जीने की आस।
कोई नहीं सुनता, छुपा लो अपने गम,
गम आयें भले कितने, आँखे न हो नम,
सिर्फ अपने लिये जीना तो अच्छा नही,
इंसा हो, इंसा से प्यार न हो, कभी कम।

15

प्यार का भूगोल

खुली आँखों से भी, तो कभी कभी,
उजाले में भी, अँधेरा ही, दिखता है,
जिनकी नसों में, भरा हो दगा करना,
उनसे तो सदा, फासला ही, फबता है।
गर एक ने दिया, धोखा तो क्या हुआ,
हरेक से क्यों छोड़ दें, हम वफ़ा करना,
वो कभी, किसी का बुरा करेंगे ही कैसे,
जिन्होंने सीखा हो, सदा ही भला करना।
मुझे तो वक्क्त ने बना दिया है, सुकरात,
मेरे सर पर तो, हाथ सदा, मेरी माँ का है,
मेरा तो कभी भी, कुछ नहीं बिगड़ने वाला,
फिर तुम चाहे, कितनी ही बददुआ करना।
मैं तो नक्शे, बनाता हूं, लोगों के दिलों पर,
यही ही है, मेरे अन्दर के प्यार का भूगोल।
कल मेरी हर उड़ान में, वो मुझे ही खोजेंगे,
जो आज मेरे शब्दों का, वजन रहे हैं तोल।

16

अपने अपने को रहे भेद

झोंका आया था एक, मेरी जिन्दगी में,
गुजरे भी तो उसे, यूँ कितने दिन हो गये,
शाखा पर कोई फूल है, मगर कांप रहा,
बात खत्म, फिर भी उसे, नहीं ढांप रहा।
कुछ भी तो, नहीं पूछा, न ही कुछ कहा,
इतने दिन हम, कहाँ कहाँ रहे व कैसे रहे,
बस इतना तो, तुम भी जरूर समझ लेना,
जैसे कोई मर जाता है, हम तो वैसे ही रहे।
अपनी आहट से, हम तो आप ही सहमे हैं,
सुध बुध खो बैठे यूँ, न रहते, हम खुद में हैं,
अजनबी भी अचानक कितने प्यारे हो गये,
जो कल तक थेअपने, वो अब न्यारे हो गये।
दिल किसी के दर्द में रोता ही नहीं, पत्थर है,
आदमी आदमी के ही लिये, हो गया बंजर है,
दूध काला हुआ, खून का रँग हो गया सफेद,
इतने बदले गये रँग, अपने अपने को रहे भेद।

17

कुछ बोना भी सीखें

सुना है, मिट गई है, अंधेरगर्दी,
अच्छे दिन की, बहार है आई,
देखो अधेड़ फूलों पर छा गई,
उपवन में कमाल की तरुणाई।
कुछ नए पुराने चेहरे हैं, चमके,
कैसे कैसे रँग, कुरुक्षेत्र में दमके,
बदला है, वक्क्त का तेवर यारो,
पहले, बिगड़े माहौल को सुधारो।
कुर्सी मोह में, धृतराष्ट्र की संतानों,
याद रखो, ये सदा किसी के नहीं,
वतन के लिये, कुछ खोना सीखें,
काटना है तो, कुछ बोना भी सीखे।
भोग का त्याग , सदा बड़ा होता है,
मेहनत की कमाई में, मज़ा होता है,
पाँच उंगलियां ही, हाथ कहलाती है,
एकता का मूक सन्देश, दे जाती हैं।

18

भीतर का इन्सान

कैसे भी हों हालात, मन यही कहे,
भीतर का इन्सान, सदा जिन्दा रहे,
धुँध कोहरे से, बच के रहना होगा,
आकाश को छूने का, गर ख्याल है।
चाह है, जिन्दगी, जी भर कर जिये,
तो मौत के डर को, भगाना होगा।
बढ़ते ही जाना है, मंजिल की ओर,
तो विश्वास को, अटल बनाना होगा।
तुम्हारी वजह से, न हो कोई मायूस,
काँटो में गुलाब ही, है खिलखिलाना,
घने अंधेरे में, उगेगा आशा का सूरज,
थम जायेगा, सपनों का टिमटिमाना।
कद से बड़ा साया, अब ऐसा माहौल,
खुद से ज्यादा होता, शब्दों का मोल,
मन खिंच गये, आपस के व्यवहार में,
दोनों बढ़ेंगे तब, सही हो पायेगा तोल।
चेतना का अपहरण, रोज़ का है मरण,
दूरियां ही कितनी, दूर दूर तक बस गई,
आम को ही निगल रहा, यहाँ हर खास,

मानवता भी न जाने, कैसे कहाँ खो गई।

19

कशमकश

आप ही बताइये न, करें तो क्या करें,
कुछ भी, कैसे समझ ही नहीं आता है,
लोग किसी भी तरह जीने ही नहीं देते,
रिश्ते भी , कब कहाँ, कैसे मरने देते हैं।
जब भी फूलों के रस्ते पर चलना चाहा,
तब काँटो ने ही किया, कितना छलनी,
जब उजाले में चल पड़े, मंजिल की ओर,
तो आंधी, तूफानों ने, रस्ता ही रोक लिया।
जब, सबको प्यार ही प्यार बांटना चाहा,
तो दुनिया ने चलाये, नफरत के ही तीर,
अपना समझ कर, जिसे भी गले लगाया,
उसी ने बस बेवफाई का, रिश्ता निभाया।
इसी कशमकश में तो, बीत रही जिन्दगी,
खिली धूप में भी, नही हो पाती है बन्दगी,
सीने में फंसी है, फांस की वो गहरी चुभन,
उस से नेह हो कैसे, जब विचलित है मन।

20

जीवन की सौगात

सच में ही सोचो, ये जीवन क्या है,
ये जीवन तो, एक झूठा, सपना है,
जो खो गया, वो बस खो ही गया,
जो बच गया, बस वो ही अपना है।
ये क्या, तुम दिन में जुगनू ढूंढ रहे,
नकली फूल में, असली खुशबू कहाँ,
चाहत अपनी, स्वर्ग हो, इस धरा पर,
जिसे चाहा मन भर, वो है छँटाक भर।
परछाई के पीछे, यूँ भागोगे, कब तक,
सपने न बहका ही न दें, क्या तब तक,
खिलते फूल को कैसे, खूब निहार लिया,
मसल दिया पर, फिर भी, महका दिया।
आज सुनहरी चाँदनी, फिर अमावस रात,
ये सुख, दुख तो, बस जीवन की सौगात,
नये नये साँचो में , ढालता रहा वक्त हमें,
साँसों में सिमटे, जीवन की क्या औकात।

21

हासिल करना सीख

बाहर की सुनोगे, तो बिखर जाओगे,
भीतर की सुनोगे, तो सँवर जाओगे।
दुनिया बुरी है, सब जगह ही धोखा है,
हम अच्छे बनें, ये हमें किसने रोका है।
कहीं कुछ, कैसे भी कितना बुरा लगे,
इस बेदर्द ज़माने को, कुछ न बताना।
अपने को ही, समझाना, सबल बनाना,
ज़माने को नहीं, खुद को ही है बदलना।
जो पसन्द है प्यारे, हासिल करना सीख,
जो है हासिल , उसे पसन्द करना सीख,
जिन्दगी जिओ, जरूरतों के ही मुताबिक,
ख्वाहिशें अधूरी, राजाओं की आखिर तक।
जिन्दगी जीने का, बस एक तरीका रखना,
अपनी उम्मीद को, हर हाल में जिन्दा रखना।
वक्क्त ठीक है, तो साथी बहुत मिल जायेंगे,
बुरे वक्त में, खुद व खुदा पर भरोसा रखना।

22

रँग हुए बदरँग

अब न जाने ये, कैसा ज़माना है,
कितना अजब, इसका तराना है,
हर युग से देखो, कितना बढ़ कर,
साथ ही अब हुआ, बद से बदतर।
न तो समझते, न ही समझा पाते,
सब यहाँ, अपनी अपनी ही चलाते,
बड़ी अजीब ही है, प्रभु तेरी माया,
शैतान को दे बैठे, इन्सानी काया।
सच सुनने से वो है, कितना डरता,
झूठी तारीफ पर भी, खूब इतराता,
गलत कहते ही तो, लड़ने को आता,
कुछ बुरा होते देख चुप ही तो रहता।
सोच ऐसी तंग, सभी रँग हुए बदरँग,
गिरगिट भी ये देख, होती कितनी दंग,
जाति धर्म में ही, कैसे खूब भटकाता,
बस अल्लाह, भगवान में अटक जाता।
नये नये जुमलों से है, सबको भरमाता,
फिर भी अपने को इन्सान ही कहता।